©Mathias Jansson (2013)

ISBN: 978-91-86915-10-0

Utgiven av:

"jag behöver inget förlag"

c/o Mathias Jansson

Tvärvägen 23

232 52 Åkarp

www.janssonswebb.se

En del av dikterna har tidigare varit publicerade i tidskrifter som Eremonaut, Tidningen Kulturen och Avsikter.

Innehåll

Död författare

Min text -
död
språket i ruiner
meningarna söndervittrade
orden -
stoff

jag klarar inte längre av
att skriva mina dikter
en spökskrivare
en osynlig skugga
löper över
tangentbordet -

inte sant

en ljusstråle
sveper över mina samlade verk
analyserar
bryter ner
organiserar
allt i en databas
där matriser av ord

speglar sig
på hårddiskarna

sedan ställs frågan
samma fråga som jag
ständigt ställt mig i livet
Varför?

en ljusmillimeter senare
står allt klar
skarpsinnigt formulerat
den mest sannolika meningen
exekverad på skärmen

jag kom aldrig
ens så nära
sanningen
under min livstid

jag minns ännu dagen
då det hände
det var i Odessa det hände
språket rullade långsamt
ur min hand
som en skenande barnvagn

störtade nedför böckernas trappa
orden försvann i bilder
av skräckslagna kvinnor
dånande gevärsmynningar
maggotkrypande kött

nej, det minnet
är också bara fiktion
fabricerat av en bit binär kod
inte ens min död
är verklig

alla minnen har smält bort
allt som var förut
är utraderat

men ett vet jag som aldrig dör
ord av död man

ord som jag ägnade en tusendel av mitt liv att skriva
en droppe av min själ
blev mitt eftermäle

havets djup fick ni aldrig lära känna

eller

var droppen mitt livselixir
som filtrerades
genom kroppens sår
och samlades upp
i böckernas heliga Gral

var jaget
en öppen bok
svaret
på min fråga.

men

vem teckentolkar
nu de tjugoåtta tecknen
skapade
av två tal

null och inte null.

var muterade sig koden
som får orden att
falla i oändliga loopar

eller

vem skrev frågan
som har haverera inför den
bristande logiken

jag minns när det hände
det var på den tiden
då jag fick och svalt i Kristiania
när språket skingrades
framför mig som en hägring
plötsligt stod jag mitt på Karl Johan
ordblind

det är inte sant

vems minnen
blandas in i mina
från vilka andra texter
vävs mina tankar

vem har brutit
det sjunde inseglet
och släppt loss
tabellernas förslutningar

över vilka kanter
faller ordens vattenfall
i någon annans innanhav
jag minns när det hände
det var i straffkolonin
i den heta sanden
där glömskans nålar
ristade min hund
tömde min kropp
på tecknens bläck

livlös låg jag
över skrivpulpeten
som ett utsuddat blad

nej

minnena sviker mig igen
de booleska intrycken
sammanblandas
mindre
större
lika med
något annat

någon annan
skriver nu min text

förnuftet har nått sitt slut
tidens tecken tickar ut
alfabetet vidgar sig
bortom det kända
en död författare
reser i poesins dimensioner

De Sades bassäng

Kroppen bryter ytan
omfamnas av det kalla vattnet
fötterna nuddar kaklet
vänder upp
mot den oroliga ytan
lungorna fylls med luft
vattnet tåras
längs kinderna

den klara vätskan
fyller poolen
häver ytspänningen
till bristningsgränsen
töjer fantasins bubbla
tills en droppe
övervinner verklighetens
hårda grepp

en droppe stearin
glider längs
simbassängens
ljusa kanter
stelnande

i klaustrofobisk skrift

på bordet
flyter pappren
sedan länge gulnade
med bläcket fastfruset
i den slutgiltiga versionen
medan historierna
sträckt sig vidare
längs bordets ådringar

i cirklar längs
bordsytan
nedför benens slingrade vader
löper texten
utöver stengolvets hav
täckt av vitskummande vågor
kalkkritans bränningar
kvadrat vid kvadrat
kapitel efter kapitel

berättelsens begär
sträcker sina passioner
med en kolstumps
slocknande glöd

längs väggarna
in i de djupa skuggorna
där karaktärernas siluetter
leker på botten

över takets välvda omslag
ringlar sig orden
skrivna med desperationens bläck
exkrementer, kräk
sperma, blod och urin
kroppens skamfulla vätska
som pressats ut ur
förtvivlans öppningar

fram till den sista utvägen
de sista arken
i berättelsen
det tolv meter långa
testamentet
ristad med
blodig spets
vass och genomträngande
på hudens
blödande pergament

ända in under ögonlockens
tunna hinna
sträcker sig
de sista orden

när jag dyker
mot bassängens botten
kan jag höra
berättelserna
som under årtionden
av fångeskap
i min hjärnas
vindlande labyrint
bubblar ur min mun

handflatan bryter
mållinjen
nuddar den släta väggen
i de Sades simbassäng

och jag stiger upp
ur det oroliga vattnet
låter texten
rinna av mig

ner tillbaka i det
mörka djupet.

Salomos nyckel

Slingan i smidesjärn
slingrar sig spindellik
ner i djävulens
dunkla brunn
där gångarna
är fyllda av ruttnande bokstäver
längs vindlande pappersväggar

vissna blad
torkar
skrumpnar
faller långsamt
ur böckernas grenar
längs ryggarnas gravar
uppstaplade
i välta travar

bokmalens larver
vrider sig
i limbindningens kistor
lämnar pappret ärrat
av tomma meningar

jag vandrar
i de bortglömda böckernas källare
i kunskapens dunkel
på jakt efter Salomos nyckel
ett bortglömt sökande
bortom förnuftets dörrar

längst upp på en hylla
dold under pyramidernas
dödsböcker
skymtar jag det
röda lädret

med fingertopparna
nuddar jag det förbjudna skötet
mitt fuktiga finger
gnider hemligheternas ingång
graverat med ljusbringarens
emblem
de nio vägarna
in i mörkrets rike

i en orgasm faller
syndafallets frukt
ur kunskapens

mörka klyfta

Strabos kartografier
Kopernikus kätteri
Juvenalis satirer
följt av hela den västerländska historien
i tjugoåtta helfranska band
och Diderots encyklopedi
tills jag ligger begravd
i den mörka kokong
som kallas kunskap

jag känner hur pappren
skär genom mitt skinn
hur bläckets svärta
strömmar in i mitt blod
hur bokstävernas insekter
kryper under mitt skinn
och meningarna slingrar sig
längs nervbanorna

det åldriga pappret
omsluter mig
kväver mig
mumifierar mig

till en Codex Gigas

mitt medvetande
fylls av åldriga berättelser
besvärjelser
historier
som drar mig
allt djupare ner i
typografins blytunga landskap

naken
som ett oskrivet blad
spolas jag iland
från Prosperos bokstavssjöar
upp på rövarkungens strand

i enklaste pocketskrud
stiger jag in i
i Trithemius borg
oktaverna
och folianternas hem

där i mitten av berättelsen
sitter Thoth
på sin papyrustron

och ristar med lera
Ordet
i min panna

begynnelsens tecken
alla koders sigill
den hemliga nyckeln
till livets bok

och jag faller
som i trans
ännu djupare ner
i undermeningarnas valv
där väggarna är täckta
av Voynich-manuskriptets textur

och i det ordlösa tillståndet
svävar framför mig
boken bunden med människohud
Adams ansikte
den hopsydda munnen
som fångade
det första skriket
som förlöste ordet
ur tystnaden

mitt öra
kan ännu höra
en svag suck
av det första ljudet
som strömmade
ur stämbandens djup
som ett svagt surrande bi

Orfeus och Eurydike – patch no. 231010

Orfeus
res trådlöst
genom ditt digitala rike
längs Golgatas basstationer

låt din skärms sken
leda dig
dina fingrar sjunga
längs tangenternas hav

Eurydike behöver din röst
hennes viskningar
ekar ännu långt borta
i ditt bröst

Orfeus res
genom dödens portar
där Charon och Kerberus
scannar alla som passerar
mot tomhetens orter

skynda dig

dölj dig fort
som en trojan
som en gud förklädd
inträd i det okända
rädda din älskade
från formateringens glömska

tiden snurrar allt snabbare
när du faller
sektor för sektor
mot mittens tomhet
där allt
speglas och kopieras
i skuggornas värld

res Orfeus
över det tomma havet
låt årans spets rista
den spegelblanka ytan
med din digitala signatur

fyll tomheten
med livets kod
tänj livets krets
tills diskarna sjunger tunga

havande med skrift

vid kajen satt
två svarta korpar i frack
kraxande skrek – gjorde de
ho-dell ho-dell
medan djurgårdfärjans
dödsdunkande dieselpump
dovt klingade avgång

Orfeus res Styx svarta segel
mot månens silverskena
där dödens ö sig tornar
som en likblek siluett
bland skrivbordets ikoner

res
dödssjuk, sjösjuk
kvävande, krälande, kräkande
längs med däck
rullande, gungande, sjungande
i orolig dvala

medan nattens sista svala
seglar som ett svart segel

på hårddiskens blanka spegel

till mitten av historien hunnen
flämtar fläkten het
i underjordens mörka valv

var på din vakt Orfeus
korrupt kod snurrar
i oläsliga varv
och skärmens fylls
med varningssignaler

Orfeus res längs
minnets raka ramar
längs gyllene stigar
etsade i mörkgröna skogar

Sjung nya strofer
täpp till alla läckande
minnessåll
låt koden bli poesi
slätrinnande genom alla porer
enkel och genial
ett band av binära tal

återställ alla korrupta minnen
från en säker källa
dolt i det dolda
slumrande i en låda
på okänd adress
vilar den krypterade verkligheten
bevarad
sparad sedan morgondagen

men vissa historier har redan kopierats
för många gånger
originalet förlorar sin mening
vid horisonten randas redan en trötthet
i berättelsen

utmattad faller
Orfeus ner i glömskans kommandorader
medan surret från minnets tomma sektorer
fyller hans hjärta med tystnad
Eurydike suddas sakta ut

A:> format C: /u

Super Marios psyk-OS ver. 1.1

Kråkan satt
på klättergren
tyckte det var
så intressant
så han hämtade
några andra
kråkor, råkor
kajor och skator
till ett svärmande
skrämmande
svart moln
en invasion
av Space Invaders
ett svart penselstreck
av skräck

det var tusentals
vassa nävar
som med
stickande hat
pickade
ögonvitorna
ur Jesus Kristus

ruttnade lik
ställt på vakt
på ett kvastskaft
utanför vetefälten
i Auvers-sur-Oise

genom fältet
slingrade sig vägen
med gnistrande enhörningar
i flammande regnbågsfärger
med magic mushrooms
och kubismens frågetecken

bedövad av
färgernas palett
skymtade jag ett
samvetslöst
trygghetspalats
täckt av lögnens
vilda törnrosväv
som jag högg
mig igenom
med mitt Zeldasvärd

mitt i det falska

låg prinsessan Peach
med blottat kön
efter hon stuckit
sig på ett Tetrishörn

omgiven av vilda djur
ett lejon som jagade
sin farliga svans
och en plåtsskulptur
av Calder
satt i sparlägestrans

jag var nu helt vilse
i Rousseaus dröm
en labyrint
som inte ledde någonstans
här gick en stig
med glittrande stenar
av gnistrande månskenssand

vilsen sprang jag
letande efter Winky
genom grymma Grimms
sagoskog
i tätt sällskap

av Blinky, Pinky och Inky

tills jag i hallucination
hoppade ut
ur skärmens atmosfär
genom tusen moln
och föll handlöst ner
genom Supermarioblå
till nästa nivå

medan jag föll
genom en bottenlös nisch
i ändlös loop
genom en flimrande glitch
som i ett dåligt hack
av en vit
en grå
och svart hatt
i en samordnad
cyberattack
mot Nasdaq

såg jag i fjärran
en exploderande kaskad
hur fyrtornen brann

och demokratins
bjälkar veknade
bågnade under
den pressande bördan
såg det vattendränkta hatet
som tystade varje röst
som suttit stum
i isoleringsrum

längst upp på tornet
stod en skrikande babian
kastande tunnor
fyllda med hat
som rann
och brann
genom
förnuftets alla fasader

när jag landade
efter min himlafärd
stod jag åter
vid börjans väg
och våg av våg
av Space Invaders
dränkte alla mina ord

det var en pixelstorm
som drog över vår jord
som en omstörtande svärta
av mörker
lättja
en farsot
fylld med hat och mord
jag sänkte min pensel
lät min penna falla
släppte min konsol
och tryckte Ctrl+Alt+Delete
för att rensa minnet
och starta om
vår buggiga värld

för det verkade som om
ingen skrift på denna jord
inga bokstäver i alla alfabet
längre räckte som ammunition
som skydd mot
okunskapens
blinda hjord

Norrländsk serenad - en diktcykel

"Norrskrev och isdrev"

Innesluten i
bastufittans heta ånga
med kallölen pressad
mot livspåsens
tunga börda

kastar jag ännu
en skopa vanvett
mot livseldens

födslougn

och ur varje por
tränger nu minnenas kåda
ur träskallen min

i dunkelljusets
knastertorra sprattellåda
uppträder spatiska gnistlågor
och skuggflammornas
svårfångade ångor

reser sig ur björkveden
rökrosslande
slingrande
ringlande
årsringar

och jag minns hur mina
barndomsfötter
sprang
genom det daggvåta
gräset
vant trevande över
hala stenar
och förrädiska rötter
utan att någonsin falla
i glömskans skog

"Granskott och tallfar"

Händernas mjuksida
räfflade av tidslinjer
omsluter det skrovliga livet
räknade till etthundraen
omkretser

barnkinden fräknad
av sommarbrännan
ligger lyssnande inåt
mot barkens hackiga skivspår
där myrstiftet
rinner över köttet
med en stank av piss
och torra toner

där mellan torrgranens ben
föddes jag
och blev hängande
dinglande
mellan mörker och ljus
mellan rötrotens
labyrintverk
och kaltoppens kråka
som hest kraxade
polykraaat, polykraaat

redan på den första dagen
genomsyrades min röst
av harsyrans och granskottens
beska skrik

och mitt i mitt inre valv
växte en mossa tung och sank
ständigt fuktad
av sorgeskvalp

det som obduktionen
senare skulle fastställa
som mitt näckroshjärta

"Gråbräda och rosttak"

Inbäddad i historien
låg ett rostplåtstänkt tak
en kvadrat i gråväggsgrått
lapp på lapp
med ingångshål
i svart

med ihopdragen pupill
svart svärta i ögat
dras jag in huset
in mot det mörka
in i det dunkla ljuset

där sågklingan

river genom åren
tills trähuvudet
faller från schavotten
med sågspånsstråna
sprutande

den gamle sågningsmannen
som ständigt skördar
vad andra sår

han som sågar sig
genom livet
i lagom stora bitar
klyver
stapplar
symmetrier
längs väggarna

små ögonblick
som kan förtäras
utan plågor
i livsugnens varma lågor

alltid lagom
alltid gemytligt

alltid desamma

evigt trist
står vedtravarna
ytligt staplade
under snön
väntande
så de spricker
av längtan

göms bort
glöms bort
murknar
ruttnar
till jord

"Stensläta och regnväta"

Vid vägen slut
precis där vattnet
tittade ut
låg stenslätan

rätt så våt
av vågvätan

slipad ren
skrovellen
livssten

här satt jag
under regndroppstid
under solskensfrid
under höststormsstrid

metade tidens längd
med osynlig lina
livet låg spetsad
på sin spets
slingrade sig i rädsla
på den yttersta
av llvets uddar

ibland fann jag
stenslätan
måsnerskiten
likmaskmurken
fiskrensunken

men storm och regn
känslosvallade

saltets väta
med sorgesaft
och allt det smutsiga
flöt iväg
i berättelsens kraft

ren
varm
len
stod där
min sten
åter ren

där jag som barn
satt och dinglade
med mina bara barnaben

"Snöpiss och stjärndikt"

Min tid är kommen
hettan sammanpressar mig
tvingar mig ut
genom den trånga öppningen
ut i mörkret
ut i kylan

skrikande rullar jag mig
i den kalla snön
som sjunker undan
under mig

ett ögonblick
blir jag kallfrusen stående
beundrande
de fjärran stjärnorna
medan jag varmpissar
mitt namn i snön
och smakar snöflingornas ord

sedan återvänder jag
in i dunklet
där den knastrande glöden
åter får liv
när några torkade
luntor av bok
med flagnade pärmar
kastar sina knastertorra liv
mot förintelsen kraft

jag kryper upp

in under taket
längst upp
på bastulaven
där värmen
långsamt fyller min kropp
och själen flyter
som svett och kåda
ristad med björkrisets gissel
in i berättelsens tomhet

Drömtydaren – REM partiet

Jag minns dig Swedenborg
andarna som dansade i min skål av glas
rökiga och oljiga svepte de
i ljusets alla färger längs kanterna

så föll jag genom nattens täcke
genom de overkliga slöjorna
ända ner i Dantes slutna kretsar

svettpärlad, plågad
vred jag mig under maran
snurrade i helveteskarusellen
nio varv motsols

i mina ögonlock
hängde fjärilstunga drömmar
som skimrande fladdermöss

djup föll den drömlösa natten
svept i tunga örter
av Valeriana och Johannesört
längre fram utplånades

sömnvågornas lekfulla bilder

av Morfeus syntetiska kusiner
de Serotoninhämande teracykliska substanserna
som vakade över mitt sinne

drömtydare släck din pipa
lindansaren har fallit
överkastet är kastat
naken ligger själen
under det stirrande ögat

på en trästol vid min säng sitter Swedenborg
med kritad peruk
han doppar sina fingrar
i min hjärnskåls drömlösa vätska
fiskar med pennspetsens
vassa pincett
de sega tjärdrömmarna ur sömnens tjärn

svartslingrande krälar de på papprets matta brygga
varje dröm numreras för vidare analys
ur Swedenborgs stora encyklopedi

fångad i drömlabyrintens

skräckfyllda nattkammare
ser jag äntligen längtans fjäril
lyfta sina späda Rorschachvingar
mot den rostrosa horisonten

så Adieu herr Swedenborg
för denna gång
vi lär mötas igen
vid nästa natts korsning
morsning!

Helvetica

Spår 1
På mitt nattduksbord
vilar trefotens famn
irrfärdernas kartböcker
som speglar rymdens
alla sifferdestinationer

jag slår upp ljusporten
låter
fotonströmmen
det laddade elektronflödet
omkastad ända in i livsnerven
tränga in i min mörka cirkel

fingrarna sätter kurs
på det förvirrade
bokstavshavet
sakta söker jag mig fram
i tusen och en natt
bland grynnor och rev
efter det magiska ordet
som kan öppna tidsslussens
malström

suga mig ner
ända ner i historiens
första texttrådar
som glest slingrar sig
i brunnens spegelrum
genom grottans vindlande vägval

Spår 2
Som en Tron från Troja
fördas jag nu i ljushastighet
genom Helveticas partikelaccelerator
där berättelsen sönderdelas
i lika många vägval
som den Borgeiska textlabyrinten

i hypertextens protokoll
länkas alla delar
samman till mitt segel
och jag sätter kurs
mot den rosenfingrade Eos

redan vid det första skäret
stiger mannen
med kameran ombord

ur det böljande flödet
hör jag hans ord:

"COME CLOSER GET INTO THE LENS
LET ME SEE YOU WE ARE ABOUT
TO CREATE TOGETHER..."

och jag låter världens alla hav
sammanbinda mitt
böljande språk
av vågor och dalar
till magiska strängar

tillsammans fotograferar vi
den tidgäckande tidsfotonen
lika svårfångad
som en mening utan punkt

Spår 3
Jag känner
i spindeltrådens väv
att någon rör sig i mina skuggor
följer mina spår
med köttätarens
skarpa sinnen

någon genomlyser
mina minnen
undersöker mina sändningar
med den enögde Polyfemos
skarpa blick

skugglika spindlar
samlar mitt liv
i hemliga mappar
djupt dolda
i underjordens serverhallar

genom silkesfibrernas
tunna väv
kryper mina krypterade tankar
osynliga
som en trojan
smiter som Ingen förbi
Polyfemos
vaktande vid sin port

långt ner i halsen
bränner smaken
av ASCII tecknen

en matrix
av obegripliga koder
löper längs strändernas svall
och lyfter mig
inkognito
genom den tjugofemte porten

förkastad
bortsorterad
förpassad
till papperskorgen
som ett hopskrynklat papper
där tankarna
virriga och orediga
gjort hack i den silkestunna ytan
med sin spröda grafitspets

det svarta ljuset
tränger in
genom varje öppen por
som en eldristning bränner
den sina glödstreck
på björkens
vita bark

Spår 4

Jag ligger på däck
medan solen gassar
från den ljusblå himlen

några små vita
fluffiga moln
flimrar oregelbundet
framför mig
på skärmen

borta är all stress
alla frågetecknen
alla livets nivåer

bortglömt är
allt jagandet efter vind
allt sökande
efter den vackra
persikoprinsessan

i mitt synfält
scrollar bara några
små fluffiga moln

Spår 5
I fjärran hör jag sirenernas sång
de himmelska sfärernas
celesta toner
pengar som prasslar
klirrar
och faller

innan jag reser
in i e-hamnens förlovade
marknadsstånd
som står smickrande
frestande
lockande
med överfyllda hyllor
med varor
i alla färger
och smaker
som jag inte behöver
spärrar jag mitt
kreditkort
och surrar fast min vilja
i tangentbordets
CAPS tangenter

här är det redan övermorgon
och alla böckerna är stulna
som svarta pilar
flyger de ur amazonernas
pilkoger
över det öde landet

jag har nu nått Googelfagernas domäner
varje sökning
äter långsamt upp
deras rike
om miljoner år har de ätit
rent sina egna ben
men redan i morgon
är de bortglömda

Spår 6
Jag märker
att jag har drivit ur kurs
min besättning har försvunnit

ensam står jag kvar
vid rodret

det mörknar

när jag glider igenom
resans sista portar

avstånden blir allt
kortare
energin koncentreras
till en bullrande
källarhåla
där serverdiskarna
spinner hemtamt
under lasersvärdens
milda sken

välkommen till äventyret
behöver du instruktioner

det horisontala talstrecket
står tyst och blinkar
vid grottans ingång

när jag äntligen
besegrar mörkret
möts jag av
Lascaux grafiken
som rinner som pixlar

över väggarna
och gångarna som sträcker
sina krokiga armar
i alla riktningar

jag närmar mig nu
litteraturens nollpunkt
processorns heta kärna

trött slinter mina
fingrar på tangentbordet
och som en sovande seriebubbla
Xyzzy
exploderar mina minnen

i ljushastighet
färdas jag genom tidsaxeln
tillbaka till läsplattan
ristad med runskriftens
flytande kilskrift

Resan till det Tysta landet 1.0

Här där spåren tar slut
är allt tomt
en känsla som jag känt förut
allt är lämnat
allt är givet
ännu är inget skrivet

mellan land och hav
väntar min färd
på signalen som ger besked

orden flyter
stillheten bryter
sina vågor
mot timglasglasets yta
vaggar mig till sömns

mörkret ska vända åter
och arken åter anlända
med nya hopp och nya dagar

i flödande neon
visslar vindharpans pylon
avskedets klang

från kommandobryggans mörker
flammar hundra röda stjärnor

och luftens fylls av ljudet
av luftens snurrande tungor

arken plöjer mörker
forcerar den osynliga porten av stål
mot det Tysta landet
och mina lungor fylls
av tystnadens tunga mättnad
det kvävda skriket av liv

ännu är inga ord skrivna
på det blanka vattnet

*

Frukosten smakar havsutsikt
min själ darrar
från djupets hjärta
skälver diselpumpens hårda stötar

mellan två brödhalvor
närmar vi oss land
som en viskning

vägens riddare sitter på post
stora stela kroppar
omgivna av förlorade ägg
och svarta koppar

här är gränsen
tunn som ett stämband
där mitt språk helt upphör

jag reser nu i tystnad
obekant för alla
även för mig själv

*

Vi förflyttar oss i fartblind snigelfart
bara noggranna mätningar
målade med varningsfärgernas palett
kan avläsa mellanslagens tystnad

bläckets raka vägar
kantas av hängande bibliotek
med gröna blad
fullskrivna med vårens tecken

hela berättelsen befinner sig i ett mellanrum
där mekaniska djur med metallhalsar
gör hålslag i periferin

vid middagstid kan jag ana
den framryckande punkten
Babels torn

här kastar jag
min sista skugga
över sidorna

här reser jag in i molnen
där språkförbistringens blixtar
får orden att falla
som förbrända myror
till marken

*

I den tusen meter djupa spegelsjön
under min svindlande kunskap
ser jag spillrorna av ett språk
bortglömt
förtorkat
kolsvart
efter miljoner år av
tystnad

så hårt och inkapslat
att det inte längre avger
några synliga tecken
på himlen
eller på urbergets yta

*

Längs navet ringlar sig
vattnets lugna kedja
de varma pedalerna
driver min längtan
längs ett kugghjul
kantat av förälskade par
hand i hand
sammankedjade av livets navelsträngar

i varje öga av förälskelse
ser jag min spegelbild
och i varje hand
sluter jag din

under dagen
bränner solen
sina tecken
djupt in i den nakna huden
som pigmentfläckar
tatuerade
med längtans
språklösa bokstäver

men i mitt inre
längst ner i det underjordiska biblioteket
med väggar av kolskrift
mörk text mot mörk botten
finns oläsliga tecken
som jag försöker klösa fram

ur det hårda

mina fingertoppar
blöder bläck
lungorna fylls
med kolstiftets bokstäver

det långsamma ätandet
äter tystnaden
i mitt inre

världens samlade tid
urholkar alla bokhyllor till sist
och en syndaflod av textmassa
sköljer genom min strupe

ordflödes starka strömmar
fyller mina lungor med berättelser
starka nog att lyfta
blybiblioteket ur underjordens grepp

*

Landskapet blöder skönhet
och smälter trötthet
i mina ögon

evigheter av plåt
ringlar som brödtexter

när orden stockar sig
vid varje skiljetecken

ett svagt mumlande motorljud
faller ur mitt gap
medan vi står hängande
över ett gapande textbrott
äntligen på väg mot Aniara

med svarta streck
närmar jag mig
min förfödelse

i det innersta letar jag
efter skrivsakens förlängning
den förlösande utlösningen
som befriar svartskriftens tunga stift
ur min krampande hand

allt närmare står jag
den punkt där utbrottet
fördröjde min resa

jag står åter vid spåren
som leder till mitt skrivbord
överfyllt av skiftande skrift

här är jag skriven
här allt är redan skrivet

och i mitt pass
är det präntat
med osynligt stift
som om det var
en hemlighet

poet

Nocturnes längs boulevard Chopin

Jag spränger spannet
rusar fram mellan barriärerna
mot platsen som inte är
någon plats

befriad från jordens grepp
stiger jag mot solen
indränkt i doften
av din poesi

insvept i timmar av längtan
smärta och saknad
reser jag mot kärleken
obehindrad av gränser och kön

bakom mig
lämnar jag landet
som vaknar till bröllopshysteri

*

Resenär lämna allt som tynger
när du inträder i denna port
i din panna står ordet "hot"
skyldig tills du återvänder

låt dig smekas av hårda händer

tvättas ren i alla register
genomlysas av
skärseldens röntgengnistor

befriad från alla tvivel
stig in drömmarnas stad
där alla våra varor står på rad
bubblande, luktande
smältande som söt choklad

allt är i ständig rörelse
mellan främmande portar
instängda i luftslussens
hårda karantäner

i glasbubblans täta lås
lyssnar jag efter
en skrovlig röst
filtrerad genom alla språk
som ska ge tillstånd
till min flykt

*

Jag känner mig vilsen
i din nära tomhet
men jag vet att min position
sedan länge är exakt bestämd

55 37 39.41 N
12 38 35.00 E

instängd mellan öststaternas brottarkonung
och porrprinsessans lockande blickar
rinner texten mellan mina ben

endast en tunn hinna av verklighet
hindrar mig från att falla
ur himlens grepp

*

Minnet av dig
är fortfarande starkt
det slingrar sig kring mitt hjärta
som Sapphos systrar
när jag vandrar längs
Warszawas varma gator

länge faller natten
med bärnstenskalla drycker
och ett samtal mellan
två ensamma själar
under blommande fjärilar

jag minns speciellt
den ukrainska scenen
vodkan och de långa talen

och alla resor som lockade

men natten ligger nu öde
jag låter min penna falla
ner i det kalla vattnet

djupt där nere
i det svalkande djupet
ligger näckrosens rötter
slingrande kring dina vita fötter

Resan till det Tysta landet 2.0

Nedräkningen har börjat
ännu en resa
till det Tysta landet
ett avsked
som närmar sig

min resa går till samma ort
men kajen ligger längre söderut
Odysseus är jag inte denna gång
snarare Orfeus

jag ska resa med längtan
och saknad
men återvända
med tomma klanger

hjärtats kruppstål
ska åter försluta
sina torpedluckor
kring ärrvävnaden i det mörka

jag reser till landet
där man talar tystiska
men mitt språk
är nog för myckiska
för jag kan inte längre se
att den mörka avgrunden

kan fyllas med tomma ord

*

Längtan är inte längre
en tillräcklig stabil bro
som kan spänna sin båge
över det oroliga hösthavet

grunden har spruckit
bultarna rostat
vid nästa ordbävning
riskerar allt att störta
in det eviga

men jag färdas några dagar
i Davids fotspår
under den romantiska månen
möter de melankoliska männen
vid den svindlande branten
och arkiverar historiens dikter

nu ger sirenen signal
landgången höjs
och jag skriver det sista kommandot
innan resan
in i det förglömda börjar

Mimans ansikte bleknar allt mer

när disken snurrar allt tommare
mot själens nyformaterade framtid

*

Indränkta i hundraåriga ekar
leker minnena i de vissna
bladens bibliotek

här i Eldena växer romantikens
Potemkinskulisser
slickade av månskensstrimmornas
skimrande rakbladsnålar

i utkanten av tavleldukarnas
krackerlade fernissa
rör sig min älskade
insvept i skuggorna
spöklikt viskande i vinden
- "Förstå"

*

Det var i Vik det hände
utan att något
bud anlände
eller gudarna ens
ett enda tecken sände

glasen klirrade
ölen skummade
den glasklara
kumminen höjdes

det var i Vik det hände
allt var som vanligt
först på den tredje dagen
var det som dödbudet anlände
och en chockvåg
genom världen sände

Det var på den tredje dagen
som jag återvände....

www.ingramcontent.com/pod-product-compliance
Lightning Source LLC
Chambersburg PA
CBHW060707030426
42337CB00017B/2791